BEI GRIN MACHT SICH IHR WISSEN BEZAHLT

- Wir veröffentlichen Ihre Hausarbeit, Bachelor- und Masterarbeit

- Ihr eigenes eBook und Buch - weltweit in allen wichtigen Shops

- Verdienen Sie an jedem Verkauf

Jetzt bei www.GRIN.com hochladen und kostenlos publizieren

GRIN

IT-Governance im Wandel. Fallstudie zum Artikel "Who owns IT?" von Stephen J. Andriole

Bibliografische Information der Deutschen Nationalbibliothek:

Die Deutsche Nationalbibliothek verzeichnet diese Publikation in der Deutschen Nationalbibliografie; detaillierte bibliografische Daten sind im Internet über http://dnb.d-nb.de abrufbar.

ISBN: 9783346774385
Dieses Buch ist auch als E-Book erhältlich.

Druck und Bindung: Books on Demand GmbH, Norderstedt Germany
Gedruckt auf säurefreiem Papier aus verantwortungsvollen Quellen

Das vorliegende Werk wurde sorgfältig erarbeitet. Dennoch übernehmen Autoren und Verlag für die Richtigkeit von Angaben, Hinweisen, Links und Ratschlägen sowie eventuelle Druckfehler keine Haftung.

Das Buch bei GRIN: https://www.grin.com/document/1300434

Fallstudie zur TASC-Zulassungsprüfung

IUBH - Internationale Hochschule Fernstudium
Studiengang: M. Sc. Wirtschaftsinformatik (60 ECTS)

Who Owns IT

I. Inhaltsverzeichnis

II. Abbildungsverzeichnis

III. Abkürzungsverzeichnis

Bzw.   Beziehungsweise

Engl.   Englisch

E-Mail Electronic Mail (deutsch: elektronische Nachricht)

PC   Personal Computer (deutsch: persönlicher Computer)

IT   Informationstechnologie

z. B.   Zum Beispiel

1. Einleitung

Basierend auf dem dieser Fallstudie zu Grunde liegenden Artikel „Who Owns IT", sieht sich die IT-Governance als Organ der IT (Informationstechnologie) einer kontinuierlichen Veränderung ausgesetzt (Andriole, 2015, S. 50). Während in seiner ursprünglichen Form der Ordnungsrahmen aller IT-Aktivitäten als Verwalter der IT-Infrastruktur und Informationsbasis faktisch einseitig vorgegeben wurde, führten die Entwicklungen von interaktiven Netzwerken, Web 2.0 sowie Cloud-Lösungen und eine neue Konsumierung von IT zu einem immer dynamischeren Informationsaustausch zwischen den Mitarbeitern der Fachbereiche, externen Dienstleistern von IT-Anwendungen und Zulieferern (Andriole, 2015, S. 50-52). IT-Governance betrifft heute mehr Akteure als je zuvor und stellt gemeinsam mit neuen IT-Technologien völlig neue Anforderungen an eine erfolgreiche IT-Governance (Andriole, 2015, S. 50).

Aus Sicht der befragten Experten im Rahmen der wissenschaftlichen Arbeit von Stephen J. Andriole, muss sich die IT-Governance wandeln, von einer klassischen Rolle hin zu einer partizipativen Kultur, welche sowohl die Fachbereiche als auch externe Lieferanten und Partner einbindet, kontinuierlich informiert, als auch in der Lage ist Verantwortung zu übertragen (Andriole, 2015, S. 50, 57). Sicherstellung der Datenqualität und Datenverantwortlichkeit, eine standardisierte Datennutzung und -kontrolle sowie die Anbindung externer Partner sind angesichts der immer eigenständigeren Entscheidungen und Abläufe der Fachbereiche, wichtige Handlungsfelder der modernen IT-Governance. Falls sich die Unternehmens-IT dieser Veränderung verwehrt, besteht die Gefahr, dass sich die Fachbereiche eigenständig den Zugang zu neuen IT-Anwendungen schaffen mit dem Risiko der Entkopplung von Konzernstrukturen und Standards, eine sogenannte „Schatten-IT" entsteht (Andriole, 2015, S. 53).

Basierend auf den Richtlinien zu dieser Fallstudie werden in der Konsequenz folgende Themenfelder behandelt und diskutiert:

-   Eine Abgrenzung der Begrifflichkeit „Governance von IT und Technologie" in Unternehmen.
-   Eine Herausarbeitung der wesentlichen Einflussfaktoren, die zur IT-Governance heute Berücksichtigung finden müssen.
-   Eine Erläuterung zum Begriff „Schatten-IT".
-   Eine Diskussion, weshalb sich das Grundkonzept der IT-Governance von der „Steuerung" (englisch Control) hin zu „Zusammenarbeit" (englisch collaboration) und „Partizipation" (englisch participatory) entwickeln muss.

2. Begriffsdefinition „Governance von IT und Technologie in Unternehmen"

Als Grundlage dieser Fallstudie gilt es im folgenden Beitrag zunächst die wesentlichen Begrifflichkeiten vorzustellen und abzugrenzen.

2.1 Begriffsabgrenzung Governance

Governance, aus dem lateinischen „gubernare" (Kerchner, Schneider, 2010, S. 11), also steuern, regieren und herrschen, beschreibt aus politischer und verwaltungsadministrativer Sicht, die Entwicklung und Umsetzung politischer und ökonomischer Regulierung sowie der Verteilung zugehöriger Ressourcen. Governance steht für die Ordnungsorganisation sowie hierfür nötige Arbeitsabläufe und Kontrollmechanismen (IMF, 2017, S. 5).

In Abgrenzung zum Verb „to govern", geht es im Begriff „Governance" daher nicht um die Aktivität, sondern, um die organisatorisch-politische Struktur und die hierzu erfolgskritischen Abläufe für eine Steuerung unter Einbindung der wesentlichen Institutionen. Es wird also Abstand genommen zum tradierten Begriff „regieren", welcher den Charakter einer einseitigen Informationsflussrichtung ohne partizipativem Element prägt (Klenk, Nullmeier, 2004, S. 17-18).

Corporate Governance, aus privatwirtschaftlicher Perspektive, umfasst in einer Ableitung daraus die Regeln, Prozesse und Methoden, die dazu dienen den Ordnungsrahmen und die Steuerung der Marktaktivitäten und potentiellen Risiken innerhalb eines Unternehmens in Übereinstimmung mit der Unternehmensstrategie zu bringen (Wilkin, Chenhall, 2020, S. 257).

2.2. Begriffsdefinition Governance von Technologie

Daraus abgeleitet beschreibt „Governance von Technologie" die Steuerungsaktivitäten und den Regelungsrahmen zwischen Staat, Privatsektor und öffentlichem Sektor zur Entwicklung und Marktintegration neuer Technologien (Chhikara, 2015, S. 23). Ziel ist es sicherzustellen, dass die Entwicklung und gesellschaftliche Einführung neuer Technologien ethische Grundsätze der jeweiligen Gesellschaft einhält und sich in den bestehenden Regulierungsrahmen integrieren lässt. Hierfür dienen zum einen gesetzliche Regelungen und deren Überwachungsorgane aber auch Anreizmodelle (Davis, Philbeck, 2019, S. 7).

Governance von Technologie ist daher die politisch-gesellschaftlich geprägte Perspektive auf die Wahrung der gesellschaftlich-ideellen Rahmenordnung und bewegt sich an der Schnittstelle zwischen Politik, öffentlicher Verwaltung und Nichtregierungsorganisationen (Simonis, 2013, S. 2-3).

2.3 Begriffsdefinition Governance von IT

Dem dieser Fallstudie zu Grunde liegenden Artikel definiert Governance von IT, sinngemäß aus dem Englischen übersetzt, als die Verteilung von IT-Entscheidungsrechten über die betreffenden Interessensgruppen hinweg sowie zugehörige Prozesse und Mechanismen zur Entscheidungsherbeiführung und Überwachung strategischer IT-Entscheidungen und -Produkte (Andriole, 2015, S. 50-51).

Nach Weill beinhaltet IT-Governance alle Aktivitäten, die der Verantwortungszuordnung, Informationsbeteiligung und der hierfür nötigen Prozesse dienen; mit dem übergeordneten Ziel, die IT in der Organisation standardisiert und sicher anzuwenden (Weill, 2004, S. 64).

Eine weitere, deutschsprachige, Perspektive auf den Begriff sieht in IT Governance eine gesetzliche Komponente und stellt fest, dass „...der Datenschutz, der gesetzlich geregelt ist – etwa im deutschen Bundesdatenschutzgesetzes der der DSGVO – sowie das Daten-Management, das die Planung, Kontrolle und die Bereitstellung von Daten beinhaltet." (Gillhuber, Tiedemann, S. 2, 2020) zwei Kernelemente der IT-Governance sind.

Im Weiteren verfolgt die IT-Governance das Ziel sicherzustellen, dass alle mit Daten verknüpften Prozesse nach einheitlichen Standards verarbeitet und Verantwortlichkeiten festgelegt werden (Gillhuber, Tiedemann, S. 2, 2020) und im Einklang mit der Unternehmensstrategie und Unternehmensvision stehen (Wilkin, Chenhall, 2020, S. 260).

2.4 Diskussion zur Begriffsabgrenzung

Es konnte aufgezeigt werden, dass die Begriffswelt um „Governance" mit den Untergliederungen „Governance von Technolgie" und „Governance von IT" trotz augenscheinlicher Gleichartigkeit, unterschiedliche Auslegungen besitzen. Die Begrifflichkeiten wurden im Rahmen der Recherche zur Fallstudie oftmals uneinheitlich abgegrenzt, die konkrete Definition in den wissenschaftlichen Darbietungen hing von der Fragestellung und vom individuell verfolgten Untersuchungsdesign ab. Sowohl „Governance" als Überbegriff, als auch „Governance von Technologie" bewegen sich in einem politisch-gesellschaftlichen Kontext, nicht nur in den historischen Auslegungen, sondern auch in der heutigen Verwendung und Begriffsdefinition.

„Governance von IT" hingegen, kann sowohl die Akteure der Politik und Gesellschaft ein-schließen, als auch auf eine unternehmensspezifische Betrachtung bezogen sein. Die Aus-arbeitung bezieht sich, aufgrund der vorgegebenen Fragestellungen der Fallstudie, primär auf die Veränderung der Aufgaben innerhalb der Unternehmensorganisation und deren Schnitt-stellen zu Zulieferern im Kontext der Wirtschaftsinformatik. In der Konsequenz soll im Folgen-den die primär organisatorische, Aufgabenorientierte Arbeitsdefinition sowohl nach Weill (Weill, 2004, S. 64), als auch nach Andriole (Andriole, 2015, S. 50-51) zu Grunde gelegt wer-den.

3. Einflussfaktoren und Herausforderungen zum IT-Governance, die heute be-rücksichtigt werden müssen

Im Rahmen des dieser Arbeit zu Grunde liegenden Artikels von Stephen J. Andriole wurden sowohl leitende Führungskräfte aus den Fachbereichen also auch Experten aus der IT zur IT-Governance befragt (Andriole, 2015, S. 55). Ziel war es, ein Stimmungsbild abzubilden, wel-ches die aktuellen Einflussfaktoren, Herausforderungen aus Sicht von Technologieexperten und der Fachbereiche berücksichtigt (Andriole, 2015, S. 54-55). Im Folgenden sollen zunächst gegenwärtigen Einflussfaktoren und Herausforderungen für die Rolle der IT-Governance in Unternehmen skizziert werden.

3.1 Abgrenzung der IT-Technologien und deren Einfluss auf IT-Governance

Stephen J. Andriole differenziert im Rahmen seiner Analyse drei übergeordnete Kategorien von Technologien, welche die IT-Governance beeinflussen:

Operationelle Technologien	Strategische Technologien	Neu entstehende Technologien
Geteilte Anwendungen (z. B. Buchhaltung, Ressourcenplanung)	Anwendungen zur Anbindung von Kunden, Zulieferern und externen Partnern	Technologie zur Optimierung und Neugestaltung operativer Abläufe
Geteilte Dienstleistungen (z. B. Netzwerksicherheit, E-Mail)	Anwendungen der Fachbereiche zur Wettbewerbsabgrenzung	Technologie zur Optimierung und Neugestaltung von Geschäftsmodellen und Prozessen
Geteilte Datenbanken (z. B. Kundendaten, Produktionsdaten)	Anwendungen / Datenbanken die industriespezifisch sind	Massendatenanalys en, soziale Medien
Geteilte Hardware (z. B. Drucker, Mobiltelephone)	Individualisierte Anwendungen mit kurzen Lebenszyklen	Operationelle und strategische digitale Trends

Abbildung 1: IT-Technologien nach Stephen J. Andriole (Andriole, 2015, S. 53)

Operationelle Technologien

Diese sind beispielsweise die Bereitstellung von Cloud-Lösungen, erfordern heute keine Bereitstellung einer lokalen Infrastruktur, inklusive der Räumlichkeiten, Wartung und technischen Überwachung (Andriole, 2015, S. 53). Der Zugriff auf die sogenannte Cloud erfolgt für den Nutzer über seine Internetanbindung (Andriole, 2015, S. 53). Die Infrastruktur ist aus Sicht des Nutzers somit jederzeit verfügbar, ohne Betriebsrisiko und einfach handhabbar (Haag, Eckhardt, 2015, S. 1).

Strategische Technologien

Beispielsweise Schnittstellenanwendungen, wirken immer häufiger über die eigene Unternehmensorganisation hinweg, wertschöpfungsrelevante Partner werden integriert, mit dem Ziel Abläufe und Schnittstellen im Beschaffungs- und Serviceprozess möglichst effizient und präzise zu steuern (Brenner, et al., 2011, S. 1). Hierdurch drängen die Fachbereiche in die Rolle des strategischen Gestalters von IT-Prozessen und stehen im direkten Austausch mit anderen IT-Anwendungen, welche bereits erfolgreich angewendet werden (Andriole, 2015, S. 53).

Neu entstehende Technologien

Neue Technologien sind oftmals Grundlage gänzlich neuer Geschäftsprozesse und Produkte (Andriole, 2015, S. 53). Massendaten der Kunden werden ausgewertet, um mithilfe nutzerindividualisierter Angebote neue Produkte zu schaffen, z. B. Fitnessarmbänder. Auch die Steuerung von Produktionsprozessen über mobiler Endgeräte mit direkter Internetanbindung generiert neue Anwendungsmöglichkeiten und Geschäftsfelder für IT-Produkte (Kieviet, 2019, S. 2-4).

3.2 Verändertes Nutzungsverhalten und Konsumorientierung der IT-Technologie

Basierend auf diesen neuen Technologien führen ein verändertes Nutzerverhalten der Konsumenten, beispielsweise durch den Transfer privater IT-Anwendungen und -Geräte in den Geschäftsbetrieb, im englischen „bring your own device" genannt (zu Deutsch: bring dein eigenes Gerät) oder Webanwendungen, dazu, dass Mitarbeiter bereits in Kontakt mit neuen Technologien und Anwendungen sind, bevor sie diese innerhalb der Unternehmensorganisation kennenlernen (Brenner, et al., 2011, S. 1). Ein weiteres Beispiel hierfür ist Web 2.0, die Entwicklung des Internets hin zu kollaborativen und interaktiven Formaten, bei denen der Nutzer als Prosument, im Gegensatz zum reinen Konsumenten, Inhalte selbst beisteuert und so die Anwendung mitgestaltet. In Extremformen bedingt dies die Daseinsberechtigung eines gänzlichen Produktes, beispielsweise Wikipedia oder Blogs wie beispielsweise wordpress, also die Bereitstellung von Informationen als offenes Quellsystem, ohne Anforderungen an eine lokale Infrastruktur (Andriole, 2015, S. 53).

Diese Konsumorientierung der IT, die sich seit Ende der 90er Jahre abzeichnet und kontinuierlich an Markteinfluss gewinnt, prägt die Auseinandersetzung der Bevölkerung mit IT und beeinflusst ein neues Selbstverständnis gegenüber der Qualität, Agilität und intuitiven Bedienbarkeit unternehmensinterner IT-Anwendungen (Brenner, et al., 2011, S. 1). Agilität sowohl in der Entwicklung von neuen Produkten als auch in der Erkennung neuer Marktbedürfnisse, Berücksichtigung neuer Trends und die individualisierte Nutzerausrichtung stellen Bedürfnisse gegenüber der internen IT dar (Kopper, Westner, Strahringer, 2017, S. 101-102).

3.3 Neue Akteure und Internationalisierung der Prozesse

IT-Governance hat heute eine bisher in diesem Volumen nicht bekannte Anzahl an Interessengruppen einzubinden und zu lenken, eine der wohl größten Herausforderungen der modernen IT-Governance (Andriole, 2015, S. 50).

Die immer häufigere Auslagerung von operativen IT-Aufgaben, wie beispielsweise der technischen Ausstattung der Mitarbeiter, als auch das Anmieten statt Erwerben der Infrastruktur oder von IT-Anwendungen, bindet neue Akteure ein (Schöber, Schmitz, 2020, S. 1). Zulieferer bringen sich immer häufiger mit eigenen Schnittstellenanwendungen und eigenen Governance-Anforderungen ein, die es anzubinden gilt und dessen rechtliche Zulässigkeit im Wirkungsbereich des eigenen Unternehmens geprüft werden müssen (Andriole, 2015, S. 53-54).

In Summe steigt durch diesen Einflussfaktor insbesondere auch das Risiko des Zugriffs auf IT-Systeme durch Externe. Eine weltweite Analyse kam zu dem Ergebnis, dass innerhalb von 12 Monaten 700 Millionen Datensätze unberechtigt abgerufen wurden und zu einem kumulativen Schaden von über 400 Millionen USD geführt haben (Calder, Alan, Watkins, 2019, S. 11).

Die vorgestellten Einflussfaktoren grenzen sich nicht immer klar voneinander ab, sondern wirken im Zusammenspiel und führen zu einer gewissen Eigendynamik. Dies erschwert die präzise Neuausrichtung des Regulativs und kann zu Parallelstrukturen führen, wie im Folgenden aufgezeigt wird.

4. Begriffserläuterung Schatten-IT und der Einfluss aktueller technologischer Entwicklungen auf die Schatten-IT

Die im vorherigen Kapitel vorgestellten, dynamischen Entwicklungen zu erkennen und einen agilen, funktionalen, partizipativen Ordnungsrahmen zu setzen ist die wesentliche Herausforderung der modernen IT-Governance (Andriole, 2015, S. 54). Die Bedürfnisse der Fachbereiche und deren Partner müssen zum Fokus der IT-Governance werden, ansonsten läuft die IT Gefahr in die Rolle des Beobachters zu gleiten. Es entwickelt sich innerhalb der Fachbereiche eine sogenannte „Schatten-IT" ohne organisatorische Autorität der internen IT (Kopper, Westner, Strahringer, 2017, S. 109).

4.1 Begriffsdefinition Schatten-IT

Eine mögliche Folge von nicht partizipativ gelebten Governance-Konzepten ist, dass sich die Organisationseinheiten mit ihren spezifischen Anforderungen von der unternehmensinternen IT lösen und diese selbstständig oder mithilfe externer Partnern im verborgenen umsetzen, es entwickelt sich eine sogenannte „Schatten-IT" (Andriole, 2015, S. 53).

Schatten-IT ist in diesem Kontext die Nutzung von Hardware, Software und Dienstleistungen an der unternehmensinternen IT vorbei (Zimmermann, 2018, S. 37).

Hardware bezieht sich dabei auf PCs, also Personal Computer, Tablets, Handys oder Netzwerkanlagen (Andriole, 2015, S. 53). Software bezieht sich auf Anwendungsprogramme und Applikationen, welche ihrerseits auf lokalen Infrastrukturen oder in Cloudlösungen, also ausgelagert betrieben und über das Internet verfügbar gemacht werden (Kopper, Westner, Strahringer, 2017, S. 103).

Das Risiko, dass Daten und Prozesse ohne Standardisierung und Prüfung als Entscheidungsgrundlage dienen und Datenlecks entstehen, steigt, je unabhängiger die Organisationseinheit Daten auswertet und IT-Anwendungen entwickelt (Silic, Silic, Oblakovic, 2016, S. 70).

In dem dieser Ausarbeitung zu Grunde liegenden Artikel von Stephen J. Andriole wird der Begriff sehr ähnlich abgegrenzt. Fachbereiche erwerben oder mieten Software oder Hardware, ohne Einbindung der unternehmensinternen IT (Kopper, Westner, Strahringer, 2017, S. 99).

4.2 Einfluss aktueller technologischer Entwicklungen auf die Schatten-IT

Da eine Schatten-IT in Wechselwirkung mit der IT-Governance steht, sind die technischen Einflussfaktoren, welche die Schatten-IT begünstigen, teilweise korrelierend mit denen der IT-Governance (Brenner, et al., 2011, S. 3).

Cloud Computing

In Anlehnung an die Ausführung der technologischen Einflussfaktoren der IT-Governance, reduziert die Bereitstellung von Cloudlösungen die Abhängigkeit der Fachabteilungen von der lokalen Infrastruktur im Sinne einer Schatten-IT (Andriole, 2015, S. 53). Softwareanwendungen ohne Notwendigkeit einer lokalen Infrastruktur ermöglichen zügige Anbindungen und flexible Gestaltungsmöglichkeiten durch angebundene IT-Anwendungen und Datenschnittstellen an externe Anbieter (Brenner, et al., 2011, S. 1).

Mobile Computing

Endgeräte wie Tablets und Smartphones bieten immer leistungsfähigere Komponenten und Funktionsumfänge an, die der Mitarbeiter privat beschaffen kann (Zimmermann, 2018, S. 38). Applikationen haben einen schnelllebigen Produktlebenszyklus, Aktualisierungen werden häufiger als bei lokalen PC-Anwendungen angeboten und aufgrund der direkten Internetanbindung über die Handynetze ist die Nachverfolgbarkeit und Datenkontrolle zusätzlich erschwert (Brenner, et al., 2011, S. 1). Die Anwendungsmöglichkeiten zur Vereinfachung der täglichen Arbeit nehmen durch online bereitgestellte Applikationen zu, die Verwendung ist schwer bis gar nicht zu kontrollieren (Schöber, Schmitz, 2020, S. 1).

Zugang zu IT-Technologie – Digital Natives

Mehrere Faktoren haben den Austausch und den technologischen Zugang von Mitarbeitern im privaten und beruflichen Kontext mit IT-Anwendungen gestaltet haben (Kopper, Westner, Strahringer, 2017, S. 101). Zum einen wird im Falle von Geburtsjahrgängen ab 1980 von „digital natives" gesprochen, also Personen, die mit IT aufgewachsen sind und Software sowie Endgeräte als selbstverständliches, „muttersprachliches" Gebrauchsgut sehen und täglich nutzen (Brenner, et al., 2011, S. 3). Zum anderen hat sich die Interaktion mit IT verändert und die Anwendbarkeit wurde stark vereinfacht, sodass die Anzahl der Personen, die in Kontakt mit IT stehen sich unabhängig vom Alter stark erhöht hat (Haag, Eckhardt, 2015, S. 1). Immer häufiger projizieren sie ihre Anforderungen und Nutzererfahrungen auf die Abläufe im Geschäftsumfeld und entwickeln sich so zu Anwendern mit konkreten IT-Anforderungen (Kopper, Westner, Strahringer, 2017, S. 101).

4.3 Zwischenfazit

Aus Sicht vieler IT-Verantwortlicher in Unternehmen sind die technologischen Einflüsse und Marktverschiebungen durch neue IT-Technologie von solchem Ausmaß, dass die Unternehmen sich gezwungen sehen ganze Geschäftsmodelle und Kundenprozesse auf den Prüfstand zu stellen (Kopper, 2017, S. 101-102). Doch der rein technologische Blick erscheint nicht vollständig. Schatten-IT kann ein Hinweis darauf sein, dass die Ziele des Konzerns, der Fachbereiche und der IT nicht in ausreichender Homogenität zueinander stehen (Zimmermann, 2018, S. 43-44). Des Weiteren ist auch aus Kosten- und Risikoblickwinkel eine Schatten-IT kritisch zu bewerten. Schatten-IT kann zu Redundanzen führen und erhöht durch eigenständige Geräte- und Kommunikationswege das Risiko, die Konformität gesetzlicher Anforderungen zu verletzen (Calder, Alan, Watkins, 2019, S. 22).

Die diskutierten Einflussfaktoren führen daher zu der Frage, welche Antwort die IT-Governance bereit legen kann, um erfolgreiche Ordnungsprozesse im Unternehmen zu etablieren.

5. Gründe, weshalb sich die IT-Governance von „Steuerung" hin zu „Zusammenarbeit und „Partizipation" entwickeln muss

Für die große Mehrheit der durch Stephen J. Andriole betrachteten Unternehmen (Andriole, 2015, S. 55) steht die IT-Governance vor der Aufgabe den Dissens zwischen unternehmensübergreifender Standardisierung und der Kontrolle und Individualbedürfnissen der Fachbereiche zu schließen (Kopper, Westner, Strahringer, 2017, S. 100). Die Entwicklung einer Schatten-IT kann hierbei wertvolle Hinweise für die Bedürfnisse der Fachbereiche liefern (Haag, Eckhardt, 2015, S. 2).

Von dieser Betrachtung sind der Vollständigkeit halber vorab Unternehmen abzugrenzen, die sich aufgrund der marktwirtschaftlichen und organisatorischen Positionierung, diesen Entwicklungen nicht ausgesetzt sehen (Andriole, 2015, S. 50). Klassischerweise IT-ferne Industrien, welche weiterhin ihre IT-Infrastruktur lokal bereitstellen, ihre Lieferanten nicht anbinden müssen oder können und im Vertriebsprozess auf klassischen Wegen agieren (Andriole, 2015, S. 50). Hier erscheint die Wahrscheinlichkeit gering, dass ein neues Rollenverständnis nötig wird, es bleibt bei den klassischen, zentralisierten Steuerungsaufgaben der IT-Governance (Andriole, 2015, S. 50).

5.1 Die Schatten-IT als Indikator der unternehmensinternen Bedürfnisse

Eine rein negative Bewertung der Schatten-IT erscheint einseitig. Unter der Berücksichtigung der Tatsache, dass diese Insellösungen im Kern zur Erfüllung unternehmerischer Ziele dienen, kann die Schatten-IT als Indikator notwendiger Veränderungen in der IT-Abteilung gesehen werden (Brenner, et al., 2011, S. 7).

Die Chancen für die IT sind vielfältig. Schatten-IT zeigt die Bereitschaft der Fachbereiche sich mit IT auseinanderzusetzen, indiziert technologische Kompetenz und einen organisatorischen IT-Reifegrad, der eine Neuverteilung der Rollen innerhalb der klassischen IT-Governance bedingt (Kopper, Westner, Strahringer, 2017, S. 104). IT-Anforderungen und Softwareentwicklung für den Fachbereich fußt auf einem höheren Wissensniveau, der übergreifende Prozess zur Implementierung neuer IT-Anwendungen kann verkürzt und präziser nach den Unternehmensbedürfnissen ausgerichtet werden (Brenner, et al., 2011, S. 8). Die Dezentralisierung der Anforderungsprozesse erhöht die Agilität und Erfolgschancen neuer Anwendungen sowohl in der marktwirtschaftlichen Positionierung des Unternehmens (Brenner, et al., 2011, S. 8), als auch in der Implementierungsgeschwindigkeit neuer IT-Prozesse in der Organisation: Wo früher aufwändige Change-Projekte neue IT-Prozesse in der Implementierung begleiteten, erscheint nun eine aktive Nachfrage nach ebensolchen Anwendungen ohne aktivem Zutun der IT möglich (Kopper, Westner, Strahringer, 2017, S. 100).

Die große Herausforderung hierbei ist es das Spannungsfeld zwischen gelebter Agilität und Serviceorientierung sowie Datensicherheit und Standardisierung zu bedienen und in einem Regelkreis so zu etablieren, dass auf IT-Innovationen richtige Antworten gefunden und Redundanzen eliminiert werden (Brenner, et al., 2011, S. 4-6; Zimmermann, 2018, S. 50).

5.2 Der Wandel der IT-Governance hin zu einem partizipativen Modell

Laut Stephen J. Andriole hat sich die Rolle der IT-Governance seit den 90er Jahren kontinuierlich verändert (Andriole, 2015, S. 50). Ende des 20. Jahrhundert zeichnete sich IT-Governance klassischerweise durch eine autoritäre, zentral agierende Organisationseinheit aus. Anfang des 21. Jahrhunderts entwickelten sich föderierte Strukturen, IT-Governance fand konzernübergreifend statt, blieb allerdings eine organisatorische Querschnittsfunktion der IT (Andriole, 2015, S. 51).

Die vorgestellten Technologien und diskutierten Nutzerbedürfnisse im Rahmen der Studie von Stephen J. Andriole ergaben, dass sie das klassische Ordnungsmodell der IT-Governance ablösen (Andriole, 2015, S. 52-53).

Ein partizipatives Handlungsmodell mit lokaler Fachbereichsverantwortung ist aus Sicht der Befragungsteilnehmer der richtige Weg für eine effiziente und funktionierende IT-Governance (Brenner, et al., 2011, S. 8). Regionale Bedürfnisse und rechtliche Anforderungen können agil und präzise bedient werden, wenn die Fachbereiche eine definierte Verantwortung innerhalb des Ordnungsrahmens besitzen (Andriole, 2015, S. 57).

Die neue Rollenverteilung berücksichtigt, aufgrund der größeren Spannweite an beteiligten Akteuren, in der Konsequenz nun auch externe Dienstleister und Zulieferer:

		Operationelle Technologien	Strategische Technologien	Neu entstehende Technologien
Unternehmens- intern	- Unternehmen	Durchführungs- und rechenschafts- pflichtig	Konsultiert & zu informieren	Konsultiert & zu informieren
	- Fachbereiche / Konzernfunktio nen	Konsultiert & zu informieren	Durchführungs- und rechenschafts- pflichtig	Durchführungs- und rechenschafts- pflichtig
Unternehmens- extern	- Externe Dienst- leister - externe Zulieferer	Rechenschaftspflichtig, konsultiert & zu informieren	Rechenschaftspflichtig, konsultiert & zu informieren	Rechenschaftspflichtig, konsultiert & zu informieren
	- Öffentlichkeit	Konsultiert & zu informieren	Konsultiert & zu informieren	Konsultiert & zu informieren

Abbildung 2: Rollenverteilung einer partizipativ gelebten IT-Governance (Andriole, 2015, S. 56)

Zu unterstreichen ist hierbei die Verantwortung der Fachbereiche für strategische und neu entstehende Technologien, ein partizipatives Modell impliziert auch die Rechenschaftspflicht der Akteure für Ihre Entscheidungen. Des Weiteren kann im unteren Segment der Grafik kon- stituiert werden, dass externe Akteure, welche im Wertschöpfungsprozess beteiligt sind, im Zuge schnittstellenübergreifender Datenintegrationen oder als Softwaredienstleister ebenfalls Rechenschaftspflichtig sind (Andriole, 2015, S. 56-57).

6. Fazit

Die Ausarbeitung dieser Fallstudie konnte aufzeigen, dass die klassische Rolle einer einseitig regulierenden, unternehmensinternen Governance von IT nicht mehr als allgemeingültig betrachtet werden kann. Insbesondere innerhalb von global agierenden Konzernen oder Unternehmen mit einer technischen Affinität ist der organisatorische Erfolg der Governance von Informationstechnologien bei einer fehlenden Veränderungsbereitschaft der IT-Abteilung gefährdet.

Die Risiken im Falle einer fehlenden Anpassung der IT-Governance sind vielfältig. Zum einen entsteht so die Gefahr, dass die Beschaffungen für IT-Lösungen parallel stattfinden und Kosten wachsen, zum anderen kann die Datensicherheit nicht umfassend gewährleistet werden. Die interne IT verliert an organisatorischer Integrität und wird immer seltener in die Beschaffungsprozesse eingebunden. Das regulative Moment der Governance verliert an Haftung, die IT-Landschaft im Unternehmen wird intransparent. In der Konsequenz ist die Datensicherheit und -standardisierung gefährdet, Daten werden extern verarbeitet und bereitgestellt, Auswertungen fußen nicht auf einheitlichen Informationen.

Im Zuge der Corona-Pandemie wurde dies nochmals verdeutlicht. Unternehmen ohne funktionierende IT-Governance haben Schwierigkeiten die kurzfristig hohe Anzahl an Mitarbeitern, die von zu Hause arbeiten, regulativ erfolgreich zu begleiten. Die Grenzen zwischen privater und beruflicher Nutzung verschwimmen, Überwachungsmöglichkeiten und Sicherstellung der Datensicherheit werden erschwert (Schöber, Schmitz, 2020, S. 1).

Die Chancen einer neuen IT-Governance-Kultur liegen in der Flexibilität und Dynamik, mit der neue IT-Anwendungen entwickelt und im gesamten Unternehmen zugänglich gemacht werden können. Sofern dies gelingt können Kostenvorteile geschaffen und Ineffizienzen durch Mehrfachanwendungen vermieden werden. Partizipativ gelebte Governance-Richtlinien ermöglichen Niederlassungen oder Außenstellen regulative Vorgaben zügig umzusetzen und Zuliefererprozesse erfolgreich anzubinden; gleichfalls wird die Effizienz innerhalb dieser Prozesse erhöht. Der Erfolg der internen Regulierung und Standardisierung durch die IT-Governance hängt daher maßgeblich davon ab, ob die Fachbereiche als erfolgsrelevante Akteure und Mitgestalter der IT-Prozesse eingebunden werden. Hierzu dürfen Entwicklungen der Schatten-IT nicht ignoriert oder verhindert, sondern zum Anlass genommen werden, interne IT-Produkte und -Lösungen zu hinterfragen und in einem neuen, partizipativen Verständnis auf Augenhöhe weiterzuentwickeln.

IV. Literaturverzeichnis

Andriole, S. J. (2015): Who Owns IT? In: Communications of the ACM, Vol. 58, No. 3.

Brenner, W., et al (2011): Bewusster Einsatz von Schatten-IT: Sicherheit& Innovationsförderung. Universität St. Gallen, Institut für Wirtschaftsinformatik, St. Gallen.

Calder, A., Watkins, S. (2019): IT-Governance: An International Guide to Data Security. Kogan Page, Bad Honnef.

Chhikara, B. (2015): Good Governance: Role of science, technology and Innovations. In: Integrated Research Advances, 2(1), S. 22-30.

Davis, N., Philbeck, T. (2019): Global Technology Governance. A Multistakeholder Approach. (URL: http://www3.weforum.org/docs/WEF_Global_Technology_Governance.pdf [letzter Zugriff: 24.03.2021]).

Gillhuber, A., Tiedemann, M. (2020): Einführung in Data Governance. In: Controlling & Management Review, S. 8-12.

Haag, S., Eckhardt A. (2015): Justifying Shadow IT Usage. In: PACIS 2015 Proceedings, Ausgabe 241, S. 1-10.

Kerchner, B., Schneider, S. (2010): Governing Gender. Feministische Studien zum Wandel des Regierens. In: Femina Publica, 02.2010, 19. Jg.

Kievit, A. (2019): Lean Digital Transformation – Geschäftsmodelle transformieren, Kundenmehrwerte steigern und Effizienz erhöhen. Springer-Verlag GmbH, Berlin.

Klenk, T., Nullmeier, F. (2004): Public Governance als Reformstrategie. 2. Auflage, Hans-Böckler-Stiftung, Wiesbaden.

Kopper, A., Westner, M., Strahringer, S. (2017): Kontrollierte Nutzung von Schatten-IT. In: HMD, Ausgabe 54, S. 97-110.

o. V. (2017): The role of the fund in governance issues – review of the guidance note – preliminary considerations – background notes. In: IMF Policy Paper, IMF Monetary Fund.

Schöber, P., Schmitz, P. (2020): Hochkonjunktur für Schatten-IT. (URL: https://www.security-insider.de/hochkonjunktur-fuer-die-schatten-it-a-973153/ [letzter Zugriff: 30.03.2021]).

Silic, M., Silic, D., Oblakovic, G. (2016): Influence of Shadow IT on Innovation in Organizations. In: CSIMQ, Ausgabe 8, S. 68-80.

Simonis, G. (2013): Konzepte und Verfahren der Technikfolgenabschätzung. Springer Fachmedien Wiesbaden GmbH, Wiesbaden.

Weill, P. (2004): IT Governance: How Top Performers Manage IT Decision Rights for Superior Results. In: International Journal of Electronic Government Research,1 (4), S. 63-67.

Wilkin, C, Chenhall, R, (2020): Information Technology Governance: Reflections on the Past and Future Directions. In: Journal of information systems, Vol. 34, No. 2, S. 257-260.

Zimmermann, S. (2018): Der Umgang mit Schatten-IT in Unternehmen. Springer Fachmedien Wiesbaden GmbH, Wiesbaden.